PROSPERIDADE NÃO LEGALISTA NA BÍBLIA

Prosperidade não legalista na Bíblia

Todos os textos foram extraídos da
Bíblia Sagrada Almeida Corrigida Fiel – ACF

Diretor editorial: Luiz Vasconcelos
Produção editorial: Graziele Sales
Organização de conteúdo: Evandro Vasconcelos
Revisão: Angélica Mendonça
Diagramação: Marília Garcia
Capa: Alexandre Santos

As opiniões expressas nesta obra são de exclusiva responsabilidade do autor, não refletindo, necessariamente, a posição da editora ou de seus colaboradores.

Texto de acordo com as normas do Novo Acordo Ortográfico da Língua Portuguesa (1990), em vigor desde 1º de janeiro de 2009.

Dados Internacionais de Catalogação na Publicação (CIP)
Angélica Ilacqua CRB-8/7057

Prosperidade não legalista na Bíblia / Ágape. –– Barueri, SP: Novo século, 2025.
112 p.

ISBN 978-65-5724-162-2

1. Bíblia – Estudo e ensino I. Ágape

25-0365 CDD-220.7

Ágape
uma marca do
Grupo Novo Século

GRUPO NOVO SÉCULO
Alameda Araguaia, 2190 - Bloco A - 11º andar - Conjunto 1111
CEP 06455-000 - Alphaville Industrial, Barueri - SP - Brasil
Tel.: (11) 3699-7107 | E-mail: atendimento@gruponovoseculo.com.br
www.gruponovoseculo.com.br

PROSPERIDADE NÃO LEGALISTA NA BÍBLIA

Ágape

São Paulo, 2025

SUMÁRIO

Introdução

A PROSPERIDADE É UM tema que desperta interesse e discussões tanto dentro quanto fora do contexto cristão. No entanto, poucos assuntos têm sido tão mal compreendidos e distorcidos quanto esse. O conceito de prosperidade na Bíblia muitas vezes é associado a riquezas materiais ou tratado como uma recompensa por comportamentos específicos, criando a falsa ideia de que a bênção de Deus está ligada exclusivamente ao desempenho humano. Este livro, *Prosperidade não legalista na Bíblia*, propõe um resgate do verdadeiro significado bíblico de prosperidade, fundamentado na graça de Deus e no Seu propósito para as nossas vidas. Nos dias de hoje, o ensino sobre prosperidade muitas vezes se divide entre dois extremos: por um lado, uma ênfase materialista que trata Deus como um meio para alcançar riquezas; por outro, uma rejeição completa do conceito, que desconsidera as bênçãos legítimas que Deus concede a Seu povo. Ambos os extremos desviam o foco do verdadeiro significado de prosperidade, que é viver em plenitude de acordo com a vontade de Deus.

A Bíblia apresenta uma visão rica e equilibrada sobre prosperidade, que vai muito além de bens materiais. Prosperidade na perspectiva divina abrange o bem-estar espiritual, emocional, relacional e também o material, mas sempre sob a ótica de dependência e gratidão a Deus. Ela está profundamente enraizada em nosso relacionamento com o Criador, não em esforços humanos ou em recompensas por mérito próprio.

Desde o início, Deus expressou Seu desejo de abençoar a Humanidade. Em Gênesis, vemos que Ele criou o mundo com abundância e o entregou ao cuidado do homem, estabelecendo uma relação de confiança e responsabilidade. A prosperidade era parte do plano original de Deus, mas a queda trouxe distorção, introduzindo o egoísmo, a avareza e a idolatria como barreiras à verdadeira prosperidade.

No entanto, mesmo após a queda, Deus continuou a revelar Seu desejo de abençoar e cuidar do Seu povo. Ao longo da história bíblica, vemos exemplos de homens e mulheres que experimentaram prosperidade em diversas áreas de suas vidas, não como resultado de barganhas ou fórmulas, mas como expressão da graça e da fidelidade de Deus. Abraão, José, Davi e muitos outros são testemunhas de que a prosperidade é um presente divino com propósito específico.

É fundamental destacar que a prosperidade bíblica nunca é um fim em si mesma. Em cada exemplo das Escrituras, é dada para glorificar Deus e abençoar outros. Deus chamou Abraão para ser uma bênção para todas as nações e usou José para preservar a vida de muitas pessoas durante a fome. Esses exemplos nos mostram que a prosperidade sempre vem acompanhada de responsabilidade e propósito.

Este livro também aborda como o legalismo tem deturpado o conceito de prosperidade ao colocá-lo como uma recompensa por comportamentos específicos ou como algo a ser alcançado por esforço humano. O legalismo cria uma visão de Deus como um "distribuidor de recompensas", distanciando-nos do entendimento da graça. A verdadeira prosperidade, no entanto, flui do relacionamento com Deus, não de obras ou manipulações. A graça de Deus é a base de toda prosperidade bíblica. Em 2 Coríntios 9:8, Paulo afirma que Deus é poderoso para fazer abundar toda graça em nossas vidas, para que, tendo sempre em tudo suficiência, possamos abundar em toda boa obra. Esse versículo encapsula a essência da prosperidade: Deus nos abençoa abundantemente, não apenas para nosso benefício, mas para que sejamos canais de bênção.

Outro aspecto crucial a ser abordado é o papel do trabalho e da sabedoria na prosperidade. A Bíblia valoriza o esforço diligente e a boa administração dos recursos. O livro de Provérbios ensina repetidamente que a sabedoria e o planejamento são elementos essenciais para uma vida próspera. A prosperidade não nega a necessidade de responsabilidade, mas coloca o foco em Deus como a fonte de todas as coisas.

Assim, este livro não propõe fórmulas ou garantias de sucesso material. Em vez disso, busca apontar para a soberania de Deus e a suficiência de Sua graça. Prosperidade bíblica não significa ausência de desafios, mas a certeza de que Deus está conosco em todas as circunstâncias, capacitando-nos a viver com propósito e gratidão.

O entendimento correto da prosperidade também nos protege das armadilhas do materialismo e da ganância. Quando compreendemos que Deus é a nossa fonte, somos livres para desfrutar Suas bênçãos sem nos tornarmos escravos delas. Além disso, aprendemos a ser generosos, reconhecendo que tudo o que temos vem de Deus e pertence a Ele.

A generosidade é um reflexo direto da prosperidade bíblica. Quando Deus nos abençoa, Ele nos chama a compartilhar com os outros, especialmente com os necessitados. Esse princípio é evidenciado na vida da igreja primitiva, quando os recursos eram compartilhados e ninguém passava necessidade.

A prosperidade na Bíblia ainda está ligada à paz interior e à comunhão com Deus. Salmos 1 descreve o homem próspero como aquele que medita na lei do Senhor dia e noite. Essa imagem nos lembra de que a verdadeira prosperidade está enraizada na presença de Deus e em Sua Palavra.

Em nossa caminhada, é essencial entender que a prosperidade não é apenas um estado de ter, mas de ser. Quando vivemos em comunhão com Deus, alinhados a Seus valores, experimentamos uma vida abundante que transcende circunstâncias e limitações. Essa é a essência da prosperidade bíblica.

Portanto este livro é um convite a redescobrir o conceito de prosperidade sob uma perspectiva cristocêntrica. Ele nos desafia a abandonar interpretações legalistas ou materialistas e a abraçar a prosperidade como uma expressão da graça de Deus, vivida para Sua glória e para o bem do próximo.

Que esta jornada nos inspire a viver de maneira equilibrada, confiando em Deus como a fonte de toda provisão, buscando Sua vontade e usando Suas bênçãos para refletir Seu amor e propósito no mundo. A verdadeira prosperidade não é algo a ser conquistado, mas recebido com gratidão e vivido com generosidade e propósito.

CAPÍTULO 1

Definindo prosperidade à luz das Escrituras

A PROSPERIDADE À LUZ das Escrituras é um conceito muito mais amplo e profundo do que frequentemente se pensa. Longe de ser apenas uma referência à acumulação de bens materiais, a prosperidade bíblica abrange todos os aspectos da vida humana: espiritual, emocional, relacional e material. A base para entender essa prosperidade está na visão de Deus como Criador e Sustentador de tudo, Aquele que deseja abençoar Seu povo de forma integral.

Desde o início da criação, Deus demonstra Seu desejo de que a Humanidade viva em abundância. Em Gênesis, Ele coloca Adão e Eva em um jardim cheio de recursos, dando-lhes domínio sobre a terra e instruindo- os a frutificar e multiplicar. Esse mandamento reflete a intenção divina de que a prosperidade fosse parte da experiência humana, mas sempre em harmonia com a obediência a Deus.

A queda, no entanto, trouxe uma distorção ao plano original de prosperidade. Com o pecado, a relação do homem com Deus, consigo mesmo e com a criação foi rompida, e a prosperidade passou a ser mal compreendida. Em vez de viverem em dependência de Deus, muitos começaram a buscar segurança em bens materiais ou a ver a prosperidade como algo a ser conquistado por mérito humano.

Mesmo após a queda, Deus continuou a manifestar Seu desejo de abençoar e prosperar Seu povo. No pacto com Abraão, Ele promete fazê-lo uma grande nação e abençoar todas as famílias da Terra por meio dele. Essa prosperidade tinha um propósito claro: não era apenas para benefício pessoal, mas para que Abraão e seus descendentes fossem canais de bênção para o mundo.

O conceito de prosperidade na Bíblia está intimamente ligado à obediência à Palavra de Deus. Em Josué 1:8, Deus instrui Josué a meditar na lei dia e noite para que seus caminhos sejam prósperos. Esse versículo nos ensina que a verdadeira prosperidade é resultado de uma vida alinhada aos princípios divinos, não às estratégias humanas ou manipulações.

A VERDADEIRA PROSPERIDADE É RESULTADO DE UMA VIDA ALINHADA AOS PRINCÍPIOS DIVINOS.

Outro aspecto essencial da prosperidade bíblica é a paz, ou *shalom*, um termo hebraico que reflete harmonia, plenitude e bem-estar em todas as áreas da vida. Essa visão holística de prosperidade mostra que Deus deseja restaurar a ordem original em nossas vidas, trazendo paz a nossos relacionamentos, saúde emocional e satisfação espiritual.

Salmos 1 nos apresenta uma descrição do homem próspero: aquele que medita na lei do Senhor dia e noite. Ele é comparado a uma árvore plantada junto a ribeiros de águas, que dá fruto no tempo certo e cujas folhas não murcham. Essa imagem reforça a ideia de que a prosperidade não é medida por acúmulo de bens, mas por uma vida frutífera e conectada à fonte de toda vida, que é Deus.

A prosperidade bíblica também está profundamente relacionada à sabedoria. Em Provérbios, vemos que o temor do Senhor é o princípio da sabedoria, e essa sabedoria conduz à vida abundante. Provérbios 3:13-16 descreve a sabedoria como mais preciosa do que rubis e capaz de conceder vida longa, riqueza e honra. Aqui, a prosperidade é apresentada como um fruto da vida sábia e obediente.

A dependência de Deus é outro princípio central na definição de prosperidade. Jesus, em Mateus 6:33, instrui Seus discípulos a buscarem primeiro o Reino de Deus e Sua justiça, prometendo que todas as outras coisas lhes serão acrescentadas. Essa passagem nos lembra de que a prosperidade verdadeira vem como resultado de priorizarmos nosso relacionamento com Deus, não como objetivo em si.

A prosperidade material, embora legítima, nunca deve ser vista como o principal indicador de bênção divina. No entanto, Deus frequentemente abençoa Seu povo com recursos materiais para que esses sejam usados com responsabilidade e generosidade. Em 2 Coríntios 9:8, Paulo explica que Deus nos faz abundar em toda graça para que possamos ser generosos em toda boa obra.

Ao longo da história bíblica, vemos exemplos de pessoas prósperas que usaram suas bênçãos para glorificar Deus e abençoar outros. José, elevado a uma posição de poder no Egito, usou sua influência para salvar muitas vidas durante a fome. Davi, um rei próspero, reconheceu que tudo o que possuía vinha de Deus. Esses exemplos nos ensinam que a prosperidade deve ser vivida com um coração grato e generoso.

A generosidade é um aspecto essencial da prosperidade bíblica. Em Deuteronômio, Deus instrui Israel a cuidar dos pobres e a compartilhar os frutos de sua terra com os necessitados. Essa prática reflete o coração de Deus, que deseja que Sua prosperidade se espalhe e alcance todos, especialmente os mais vulneráveis.

Também inclui a provisão sobrenatural de Deus em tempos de necessidade. O maná no deserto, a multiplicação de pães e peixes e o sustento de Elias por meio dos corvos são exemplos de como Deus cuida de Seu povo, provando que Ele é fiel mesmo nas situações mais difíceis.

Em contraste com a prosperidade materialista promovida pela sociedade moderna, a prosperidade bíblica é centrada em Deus e em Sua vontade. Ela nos ensina a sermos mordomos fiéis de tudo o que recebemos, usando nossos recursos, talentos e tempo para glorificar Deus e cumprir Seus propósitos.

O Novo Testamento reforça a ideia de que a verdadeira prosperidade está em Cristo. Paulo, em Filipenses 4:12-13, afirma que aprendeu a viver contente em qualquer situação, seja na abundância ou na necessidade, porque sua força vinha de Cristo. Isso nos ensina que a prosperidade bíblica é uma questão de contentamento e confiança em Deus, não de circunstâncias externas.

A prosperidade espiritual é o aspecto mais elevado da prosperidade bíblica. Em Efésios 1:3, somos lembrados que Deus nos abençoou com todas as bênçãos espirituais dos lugares celestiais e em Cristo. Essa prosperidade não pode ser medida por padrões terrenos, mas é a maior demonstração do amor de Deus por nós.

Definir prosperidade à luz das Escrituras nos desafia a repensar nossas prioridades e a avaliar o que realmente valorizamos. Uma vida próspera é aquela que está centrada em Deus, que busca a Sua glória e que usa Suas bênçãos para abençoar outros. Esse entendimento transforma nossa visão de sucesso e nos leva a viver com propósito.

Quando buscamos a prosperidade conforme Deus a define, experimentamos uma vida de plenitude, paz e alegria, independentemente das circunstâncias. Esse é o convite das Escrituras: viver em comunhão com Deus e em harmonia com Seu propósito, desfrutando de Sua bondade em todas as áreas da vida.

CAPÍTULO 2

Prosperidade e a soberania de Deus

A SOBERANIA DE DEUS é o fundamento essencial para compreender a prosperidade bíblica. Tudo o que temos e tudo o que somos procede de Deus, que é o Criador, Sustentador e Governante de todas as coisas. Ele é quem controla a história e determina as bênçãos em nossas vidas de acordo com Seus planos soberanos e perfeitos. Sem reconhecer a soberania divina, qualquer entendimento de prosperidade torna-se distorcido e centrado no homem.

A prosperidade à luz da soberania de Deus começa com o reconhecimento de que Ele é o dono de tudo. Em Salmos 24:1, é declarado que: "Do Senhor é a terra e a sua plenitude; o mundo e aqueles que nele habitam". Isso significa que todo recurso, riqueza ou bênção material pertence a Deus e nos é confiado para sermos mordomos fiéis.

Ao longo das Escrituras, vemos que Deus concede prosperidade segundo Sua vontade e Seu propósito. Abraão, por exemplo, foi abençoado com riquezas, terras e descendentes, mas não apenas para seu benefício pessoal. Deus prometeu fazer de Abraão uma bênção para todas as nações, mostrando que a prosperidade estava alinhada com o plano soberano de redenção divina.

A história de José é outro exemplo claro da soberania de Deus em ação. Vendido como escravo por seus irmãos, ele passou por situações de grande dificuldade, mas Deus o elevou a uma posição de autoridade no Egito. A prosperidade que José experimentou não foi somente para sua própria realização, mas para cumprir o propósito de preservar a vida de muitas pessoas durante a fome.

A soberania de Deus também é evidente no pacto com Israel. Deus prometeu abençoar o povo com prosperidade material, paz e segurança, mas essas bênçãos estavam condicionadas à obediência à Sua lei. Essa aliança demonstrava que a prosperidade era um reflexo do relacionamento do povo com Deus, e não algo que eles poderiam alcançar por mérito próprio.

Ainda, a soberania de Deus se manifesta em momentos de escassez ou provação. A história de Jó nos ensina que, mesmo quando Deus permite que experimentemos perdas e dificuldades, Ele continua no controle. Jó reconheceu essa verdade ao dizer: "O Senhor o deu, e o Senhor o tomou; bendito seja o nome do Senhor" (Jó 1:21). Esse reconhecimento da soberania divina é essencial para compreender a prosperidade de maneira equilibrada.

Ela garante que a prosperidade não está sujeita ao acaso ou à manipulação humana. No livro de Deuteronômio, Deus lembra o povo que é Ele quem dá a capacidade de adquirir riquezas (Deuteronômio 8:18). Essa verdade nos protege da arrogância e nos ensina a depender inteiramente de Deus, reconhecendo que todas as bênçãos vêm d'Ele.

A prosperidade, portanto, não é um direito humano, mas um presente gracioso de Deus. Ele a concede de acordo com Seus propósitos eternos, que nem sempre compreendemos. Isaías 55:8-9 nos lembra de que os pensamentos de Deus são mais altos do que os nossos, e Sua soberania nos dá confiança de que Ele está agindo para o nosso bem, mesmo quando não vemos o quadro completo.

Outro aspecto da soberania de Deus na prosperidade é a provisão diária. Jesus nos ensinou a orar "O pão nosso de cada dia nos dá hoje" (Mateus 6:11), reconhecendo que até mesmo nossas necessidades básicas dependem de Deus. Esse reconhecimento nos ajuda a viver com gratidão e contentamento, confiando que Deus proverá o que precisamos.

A soberania de Deus também é evidenciada na maneira como Ele usa a prosperidade para moldar nosso caráter. As bênçãos materiais podem nos ensinar sobre generosidade, dependência e gratidão, enquanto a escassez nos ensina sobre perseverança, humildade e fé. Em ambas as circunstâncias, Deus está soberanamente trabalhando para nosso crescimento espiritual.

A relação entre prosperidade e soberania divina nos ensina a não colocar nossa confiança nas riquezas. Em Provérbios 11:28, adverte-se: "Aquele que confia nas suas riquezas cairá". Deus, em Sua soberania, pode permitir que percamos bens materiais para nos ensinar a confiar n'Ele acima de tudo.

A história de Elias e a viúva de Sarepta exemplifica como Deus usa Sua soberania para prover de maneiras inesperadas. Durante a seca, Deus sustentou Elias e a viúva com provisões milagrosas. Esse relato nos lembra de que a soberania de Deus não depende de recursos visíveis, mas de Sua capacidade de suprir nossas necessidades de formas que não imaginamos.

A soberania de Deus na prosperidade ainda nos desafia a viver com generosidade. Quando reconhecemos que tudo o que temos vem de Deus, somos chamados a compartilhar com os outros, especialmente os necessitados. A generosidade reflete nossa confiança de que Deus continuará a suprir nossas necessidades, mesmo quando damos com liberalidade.

> A RELAÇÃO ENTRE PROSPERIDADE E SOBERANIA DIVINA NOS ENSINA A NÃO COLOCAR NOSSA CONFIANÇA NAS RIQUEZAS.

Além disso, a soberania de Deus aponta para a eternidade. As bênçãos materiais que experimentamos nesta vida são apenas um vislumbre das riquezas espirituais que Deus nos prometeu em Cristo. Efésios 1:3 nos lembra de que fomos abençoados com todas as bênçãos espirituais nos lugares celestiais em Cristo.

Paulo, em sua carta aos Filipenses, demonstrou uma compreensão profunda sobre a soberania de Deus na prosperidade. Ele declarou que aprendeu a viver tanto na abundância quanto na necessidade, porque sua força vinha de Cristo (Filipenses 4:12-13). Esse exemplo nos ensina que a verdadeira prosperidade está em nossa relação com Deus, não em nossas circunstâncias.

A soberania de Deus nos conforta quando vemos desigualdades na prosperidade. Sabemos que Ele é justo e está no controle, mesmo quando não entendemos por que alguns experimentam abundância enquanto outros enfrentam escassez. Essa confiança nos ajuda a evitar a inveja e a cultivar um coração grato e humilde.

Outro aspecto importante é que a soberania de Deus nos protege das distorções da teologia da prosperidade. Quando entendemos que Deus é quem determina as bênçãos, não tentamos manipular ou barganhar com Ele.

Em vez disso, descansamos em Sua vontade e buscamos viver para Sua glória.

Assim, a soberania de Deus nos dá coragem para enfrentar o futuro. Mesmo quando as circunstâncias parecem incertas, podemos confiar que Deus está no controle e que Ele trabalhará em todas as coisas para o nosso bem (Romanos 8:28). Essa confiança nos liberta do medo e da ansiedade.

Compreender a soberania de Deus na prosperidade nos leva a viver com propósito. Sabemos que fomos abençoados para abençoar, e que nossas vidas devem refletir a generosidade e o amor de Deus para com o próximo. Isso transforma a prosperidade em um instrumento para glorificar Deus.

Portanto a soberania de Deus nos ensina que a prosperidade é muito mais do que acumular bens. Ela é um reflexo do cuidado divino e uma oportunidade de viver para o Reino. Quando reconhecemos a mão soberana de Deus em nossas vidas, somos libertos para viver com contentamento, confiança e gratidão, independentemente das circunstâncias.

CAPÍTULO 3

A graça como base da prosperidade

A GRAÇA DE DEUS é a base central para entender a prosperidade bíblica. Diferente de um sistema de recompensas ou méritos, a prosperidade na visão bíblica não se fundamenta no desempenho humano, mas no favor imerecido de Deus. É pela graça que recebemos bênçãos espirituais, emocionais, relacionais e materiais, todas destinadas a glorificar a Deus e cumprir Seu propósito em nossas vidas.

A graça, em sua essência, é o favor de Deus concedido sem que o mereçamos. Efésios 2:8-9 nos lembra de que somos salvos pela graça, por meio da fé, e isso não vem de nós: é um presente de Deus. Se a salvação, a maior dádiva divina, é recebida pela graça, todas as outras bênçãos fluem desse mesmo princípio. Assim, a prosperidade não é algo que conquistamos, mas que recebemos como expressão da bondade de Deus.

Esse entendimento elimina a necessidade de barganhas ou tentativas de manipular a Deus. Em vez de ver a prosperidade como um resultado de esforço humano, reconhecemos que tudo vem d'Ele, que é a fonte de toda boa dádiva (Tiago 1:17). A graça nos liberta de uma mentalidade de merecimento e nos convida a confiar plenamente na provisão divina.

Ao longo das Escrituras, vemos exemplos de como Deus concede prosperidade por graça. Abraão, escolhido, fez nada para merecer esse chamado. Sua prosperidade foi fruto da graça de Deus, que decidiu abençoá-lo e torná- lo uma bênção para todas as nações (Gênesis 12:2-3).

Outro exemplo claro é José. Apesar de suas circunstâncias adversas, Deus estava com ele e o prosperou em todas as situações, desde a casa de Potifar até o governo do Egito. Essa prosperidade não foi resultado do mérito de José, mas do favor gracioso de Deus que agia em sua vida para cumprir Seus propósitos.

A graça como base da prosperidade também é evidente no Novo Testamento. Jesus, em Seu ministério terreno, demonstrou a abundância da graça de Deus ao suprir necessidades de forma milagrosa.

A GRAÇA NOS LIBERTA DE UMA MENTALIDADE DE MERECIMENTO E NOS CONVIDA A CONFIAR PLENAMENTE NA PROVISÃO DIVINA.

A multiplicação dos pães e peixes, por exemplo, não somente atendeu a uma necessidade imediata, mas revelou a generosidade divina que vai além do que podemos pedir ou imaginar.

Paulo, em 2 Coríntios 9:8, destaca a relação entre graça e prosperidade: "Deus é poderoso para fazer abundar em vós toda graça, a fim de que, tendo sempre, em tudo, toda suficiência, abundeis em toda boa obra". Esse versículo enfatiza que a prosperidade dada pela graça não é apenas para nosso benefício, mas para que sejamos canais de bênção, capacitados a abençoar outros.

A prosperidade baseada na graça também nos ensina a viver com contentamento. Em Filipenses 4:12-13, é revelada a atitude de Paulo diante de circunstâncias variadas: ele aprendeu a viver contente em toda e qualquer situação porque sua força vinha de Cristo. Isso reflete a compreensão de que a verdadeira prosperidade é estar satisfeito em Deus, independentemente das circunstâncias externas.

Compreender a graça como base da prosperidade transforma nossa perspectiva sobre trabalho e esforço humano. Embora o trabalho seja um princípio bíblico e Deus nos chame a sermos diligentes, o resultado de nosso trabalho está nas mãos d'Ele. Salmos 127:1-2 nos lembra de que, sem o Senhor, todo esforço humano é em vão, enfatizando a dependência da graça divina.

Além disso, a graça nos protege da idolatria em relação à prosperidade material. Quando reconhecemos que tudo o que temos vem de Deus, somos libertos da tentação de colocar nossa confiança em riquezas ou bens terrenos. Em vez disso, aprendemos a buscar primeiro o Reino de Deus, confiando que todas as outras coisas nos serão acrescentadas (Mateus 6:33).

A graça nos capacita a viver com generosidade. Quando entendemos que fomos abençoados, somos movidos a compartilhar com outros. A generosidade não é apenas um ato de obediência, mas uma resposta natural ao favor imerecido que recebemos de Deus.

A base da prosperidade na graça também elimina qualquer ideia de que as bênçãos de Deus podem ser compradas. Atos 8:20 nos mostra que o dom de Deus não pode ser adquirido por meios humanos. Essa verdade nos lembra de que as bênçãos divinas são uma expressão de Seu amor e bondade, e não algo que podemos manipular.

A prosperidade pela graça nos desafia a ter uma atitude de gratidão. Tudo o que recebemos, desde nossas necessidades básicas até bênçãos abundantes, é um presente de Deus. Essa gratidão nos ajuda a viver com um coração humilde e dependente, reconhecendo que sem Deus nada podemos fazer.

Outro aspecto importante é que a prosperidade pela graça nos ensina a confiar no tempo de Deus. Muitas vezes, queremos resultados imediatos, mas Deus, em Sua sabedoria, concede as bênçãos no momento certo. Essa confiança nos ajuda a descansar em Sua soberania e a esperar pacientemente por Suas provisões.

A graça também nos ensina que a prosperidade material não é o objetivo final. As bênçãos materiais são temporais, mas as espirituais são eternas. Efésios 1:3 nos lembra de que fomos abençoados com todas as bênçãos espirituais dos lugares celestiais e em Cristo, destacando que a prosperidade verdadeira está enraizada em nosso relacionamento com Deus.

A prosperidade pela graça nos leva a glorificar a Deus. Quando reconhecemos que tudo vem d'Ele, somos movidos a adorá-Lo e a testemunhar de Sua bondade. Nossa prosperidade se torna um meio de exaltar Seu nome e apontar outros para Ele.

A graça como base da prosperidade também nos dá segurança em tempos de dificuldade. Mesmo quando enfrentamos escassez ou desafios, sabemos que Deus continua sendo a fonte de tudo o que precisamos. Sua graça é suficiente para nos sustentar em todas as circunstâncias (2 Coríntios 12:9).

Essa compreensão nos liberta da mentalidade de comparação. Em vez de medir nossa prosperidade com base no que outros têm, aprendemos a celebrar as bênçãos que Deus concede a cada um, sabendo que Ele é justo e fiel em Sua provisão.

A prosperidade fundamentada na graça nos chama a viver com propósito. Nossas bênçãos não são apenas para nosso conforto, mas para cumprir o plano de Deus em nossas vidas e impactar o mundo ao nosso redor. Quando vivemos com esse propósito, nossa prosperidade se alinha com os valores do Reino de Deus.

Compreender a graça como base da prosperidade transforma nossa relação com Deus e com os recursos que Ele nos dá. Em vez de buscar a prosperidade como um fim, aprendemos a viver em dependência de Sua graça, confiando que Ele suprirá tudo o que precisamos para cumprir Seu propósito. Essa é a verdadeira prosperidade bíblica: uma vida plena, satisfatória e generosa, fundamentada no favor imerecido de Deus.

CAPÍTULO 4

Trabalhando com propósito e sabedoria

TRABALHAR COM PROPÓSITO E sabedoria é um princípio fundamental na Bíblia, que nos chama a encarar o trabalho como algo mais do que uma atividade rotineira ou uma obrigação. Deus nos criou para sermos produtivos e diligentes, refletindo Seu caráter em tudo o que fazemos. O trabalho, quando realizado com propósito e sabedoria, não apenas nos proporciona sustento, mas nos dá a oportunidade de glorificar a Deus e servir aos outros.

Desde o início da criação, vemos que o trabalho faz parte do plano de Deus para a Humanidade. Em Gênesis 2:15, Deus colocou Adão no jardim do Éden para cultivá-lo e guardá-lo. Isso mostra que o trabalho não é uma consequência do pecado, e sim um chamado divino. A queda trouxe dificuldades ao trabalho, mas não anulou seu propósito original.

Trabalhar com propósito significa entender que nossas tarefas diárias têm um significado maior. Em Colossenses 3:23, há uma instrução: "E tudo quanto fizerdes, fazei-o de todo o coração, como ao Senhor, e não aos homens". Isso nos lembra de que, independentemente de nossa ocupação, nosso trabalho é uma forma de servir a Deus e expressar nossa fé.

A sabedoria é essencial para que o trabalho seja eficaz e alinhado com o propósito de Deus. O livro de Provérbios oferece muitos conselhos sobre o valor do trabalho diligente e a importância de evitar a preguiça. Em 6:6-8, por exemplo, somos convidados a observar as formigas, que trabalham com planejamento e determinação, garantindo provisão para o futuro.

Trabalhar com sabedoria ainda envolve planejamento e administração responsável. Lucas 14:28 nos ensina sobre a importância de calcular o custo antes de começar um projeto. Essa sabedoria prática nos ajuda a evitar desperdícios e a tomar decisões fundamentadas que promovam o sucesso e a sustentabilidade.

Além do planejamento, a integridade é um aspecto crucial do trabalho com sabedoria. Deus nos chama a sermos honestos e justos em nossas práticas. Em Provérbios 11:1, somos advertidos de que: "balança enganosa é abominação para o Senhor, mas o peso justo é o seu prazer".

O TRABALHO NÃO É UMA CONSEQUÊNCIA DO PECADO, MAS UM CHAMADO DIVINO.

Trabalhar com ética glorifica Deus e reflete Seu caráter em nossas vidas.

O trabalho é uma oportunidade de servir aos outros. Efésios 4:28 nos encoraja a trabalhar para que possamos ter algo para compartilhar com os necessitados. Isso nos mostra que o propósito do trabalho vai além de suprir nossas próprias necessidades; ele é uma ferramenta para abençoar outros e promover o bem comum.

Trabalhar com propósito significa, ainda, reconhecer que nossos talentos e habilidades são dons de Deus. Em Mateus 25, a parábola dos talentos destaca a responsabilidade de usar o que recebemos de forma produtiva. Deus nos chama a investir nossos dons com sabedoria, gerando frutos para Seu Reino.

A sabedoria no trabalho também inclui buscar equilíbrio. O descanso é um princípio bíblico tão importante quanto o trabalho. Em Êxodo 20:9-10, Deus ordena que trabalhemos seis dias, mas descansemos no sétimo. Esse equilíbrio nos ajuda a evitar o esgotamento e a lembrar que nossa identidade está em Deus, e não no que realizamos.

Trabalhar com propósito exige que alinhemos nossas metas com os valores do Reino de Deus. Mateus 6:33 nos instrui a buscar primeiro o Reino de Deus e Sua justiça, confiando que todas as coisas necessárias nos serão acrescentadas. Esse princípio nos ajuda a manter o foco no que realmente importa, evitando o materialismo e a obsessão pelo sucesso.

O trabalho com sabedoria também requer humildade e dependência de Deus. Em Salmos 127:1, somos lembrados de que, sem o Senhor, todo esforço humano é em vão. Reconhecer nossa necessidade de Deus nos ajuda a confiar n'Ele para nos guiar e abençoar o trabalho de nossas mãos.

Trabalhar com propósito inclui a disposição de aprender e crescer. Provérbios 1:5 traz que "o sábio ouvirá e crescerá em conhecimento". Buscar sabedoria e aprimoramento contínuo nos torna mais eficazes em nosso trabalho e mais capazes de glorificar Deus. Portanto a sabedoria no trabalho nos ajuda a enfrentar desafios e frustrações. Nem sempre o trabalho é fácil ou gratificante, mas em Filipenses 4:13, Paulo nos lembra de que podemos todas as coisas em Cristo, que nos fortalece. Confiar em Deus nos dá a força necessária para perseverar.

Trabalhar com propósito significa também ser grato. Em 1 Tessalonicenses 5:18, somos instruídos a dar graças em todas as circunstâncias, incluindo em nosso trabalho. A gratidão transforma nossa perspectiva e nos ajuda a reconhecer as oportunidades que Deus nos dá para contribuir e crescer. A sabedoria no trabalho se reflete na maneira como administramos nosso tempo. Efésios 5:16 nos encoraja a remir o tempo, aproveitando ao máximo cada oportunidade. Isso nos desafia a priorizar o que é realmente importante e a evitar distrações que nos afastem de nossos objetivos.

Além disso, trabalhar com propósito nos ensina a ser generosos. A prosperidade que vem do trabalho não é apenas para nosso benefício, mas para ser compartilhada. Deus nos abençoa para que possamos abençoar outros, promovendo justiça e compaixão no mundo.

Trabalhar com sabedoria inclui ainda saber quando dizer "não". Nem todas as oportunidades estão alinhadas com o propósito de Deus para nossas vidas. Assim, discernimento é fundamental para evitar comprometer nossos valores ou negligenciar o que realmente importa.

O propósito no trabalho também nos ajuda a encontrar significado em tarefas aparentemente pequenas. Jesus nos ensinou que quem é fiel no pouco será colocado sobre o muito (Lucas 16:10). Isso nos encoraja a fazer tudo com excelência, independentemente da grandiosidade da tarefa.

Logo, trabalhar com propósito e sabedoria nos lembra de que nosso trabalho tem impacto eterno. Em 1 Coríntios 15:58, somos encorajados a sermos firmes e abundantes na obra do Senhor, sabendo que nosso trabalho n'Ele não é em vão. Isso nos dá a motivação para trabalhar com dedicação, sabendo que nossas ações glorificam a Deus e contribuem para Seu Reino.

TRABALHAR COM PROPÓSITO E SABEDORIA NOS LEMBRA DE QUE NOSSO TRABALHO TEM IMPACTO ETERNO.

CAPÍTULO 5

Prosperidade com propósito: a bênção de ser uma bênção

A PROSPERIDADE COM PROPÓSITO é uma das verdades mais profundas das Escrituras. Deus abençoa Seu povo para que essas bênçãos sejam compartilhadas, criando um ciclo de generosidade que reflete Seu caráter e glorifica Seu nome. A prosperidade nunca é um fim em si mesma, mas um meio pelo qual o Reino de Deus é ampliado e outras vidas são impactadas de forma positiva.

Desde o início da história bíblica, vemos que Deus planejou abençoar a Humanidade com um propósito. Em Gênesis 12:2, Ele promete a Abraão que o abençoaria e faria dele uma bênção para todas as famílias da Terra. Essa promessa revela que as bênçãos de Deus têm um alcance maior do que o indivíduo, apontando para a transformação de comunidades e nações.

A prosperidade com propósito se fundamenta no caráter generoso de Deus. Ele é o Criador de todas as coisas e não retém Sua bondade de nós. Em Salmos 24:1, afirma-se que "do Senhor é a terra e a sua plenitude". Deus nos confia recursos para sermos Seus instrumentos na realização de Seu plano de amor e redenção.

A ideia de ser uma bênção está profundamente ligada à mordomia. Em 1 Coríntios 4:2, somos lembrados que os mordomos devem ser fiéis. Isso significa administrar bem o que recebemos, reconhecendo que tudo pertence a Deus. Nossos recursos, talentos e tempo são ferramentas dadas por Ele para cumprir Seu propósito.

Ser uma bênção também envolve um coração generoso. Provérbios 11:25 nos ensina que "a alma generosa prosperará". A generosidade reflete a compreensão de que Deus é a fonte de toda provisão e que Ele é capaz de suprir nossas necessidades à medida que abençoamos outros.

O exemplo de José no Egito destaca a prosperidade com propósito. Deus o colocou em uma posição de autoridade não somente para seu próprio benefício, mas para salvar vidas durante uma fome severa. Sua prosperidade foi usada para preservar uma nação inteira, demonstrando que as bênçãos de Deus têm impacto coletivo.

A igreja primitiva também é um exemplo de prosperidade com propósito. Em Atos 2:44-45, vemos os cristãos compartilhando tudo o que tinham, garantindo que ninguém passasse necessidade. Essa prática não apenas supria as necessidades materiais, mas também testemunhava o amor de Deus àqueles ao redor.

A prosperidade com propósito nos desafia a ver além de nossos próprios interesses. Filipenses 2:4 nos exorta a considerar os interesses dos outros, além dos nossos. Esse chamado reflete a natureza altruísta do Reino de Deus, onde as bênçãos são multiplicadas quando compartilhadas.

Ser uma bênção está relacionado ao serviço. Jesus, em Sua vida e Seu ministério, demonstrou que prosperidade espiritual e impacto estão diretamente ligados ao servir ao próximo. Ele lavou os pés de Seus discípulos e nos chamou a seguir Seu exemplo de humildade e amor.

A prosperidade com propósito não se limita a bens materiais. Envolve também o uso de nossos dons e talentos para beneficiar outros. Somos encorajados em 1 Pedro 4:10 a usar nossos dons como bons despenseiros da multiforme graça de Deus. Isso nos lembra de que cada um tem algo valioso a oferecer.

Outro aspecto importante é a compaixão. Em Tiago 2:15-16, somos advertidos contra a fé que não se traduz em ação prática para ajudar os necessitados.

A prosperidade com propósito nos chama a demonstrar o amor de Deus de maneira tangível, suprindo as necessidades físicas e espirituais de outros.

A bênção de ser uma bênção promove unidade e comunhão. Quando usamos nossas bênçãos para servir e encorajar outros, criamos uma cultura de mutualidade dentro da comunidade de fé. Isso reflete o desejo de Deus de que Seu povo viva em harmonia e cuide uns dos outros.

Além disso, ser uma bênção impacta gerações futuras. Quando vivemos com propósito e generosidade, deixamos um legado de fé, amor e serviço para nossos filhos e para aqueles que seguem nossos passos. Somos lembrados em Provérbios 13:22 que o homem bom deixa uma herança para seus filhos, tanto material quanto espiritual.

A prosperidade com propósito nos protege da idolatria das riquezas. Jesus advertiu contra o acúmulo de tesouros na Terra, encorajando-nos a buscar os tesouros do céu (Mateus 6:19-20). Quando vemos nossos recursos como ferramentas para glorificar a Deus, somos libertos do egoísmo e da ganância.

Deus promete abençoar aqueles que abençoam outros. Em Malaquias 3:10, Ele nos desafia a sermos fiéis na generosidade, garantindo que abrirá as janelas do céu para nos abençoar abundantemente. Esse ciclo de bênçãos reflete a fidelidade de Deus e Seu desejo de ver Seus filhos prosperarem com propósito.

A PROSPERIDADE COM PROPÓSITO NOS PROTEGE DA IDOLATRIA DAS RIQUEZAS.

A prosperidade com propósito também nos chama a investir no Reino de Deus. Contribuir para missões, ministérios e projetos que promovam o evangelho é uma maneira de usar nossos recursos para transformar vidas e expandir o alcance do Reino.

A vida de Jesus é o maior exemplo de prosperidade com propósito. Ele veio para dar vida, e vida em abundância (João 10:10), entregando-se completamente para a salvação da Humanidade. Sua prosperidade não era medida por bens terrenos, mas pelo impacto eterno de Seu sacrifício.

Ser uma bênção, então, significa viver com gratidão. Quando reconhecemos que tudo o que temos vem de Deus, somos movidos a agradecer e a compartilhar essas bênçãos com os outros. A gratidão nos ajuda a manter uma perspectiva correta sobre nossas posses.

A prosperidade com propósito não é apenas uma responsabilidade, mas uma fonte de alegria. Em Atos 20:35, somos lembrados das palavras de Jesus: “Mais bem-aventurada coisa é dar do que receber”. Quando abençoamos outros, experimentamos a alegria de participar do plano de Deus.

Viver como uma bênção para os outros requer intencionalidade. Precisamos buscar oportunidades para compartilhar o que temos, seja em tempo, talentos ou recursos. Isso nos ajuda a viver uma vida significativa e alinhada com os valores do Reino.

A prosperidade com propósito é, em última análise, uma expressão de amor. Quando usamos nossas bênçãos para impactar outros, refletimos o amor de Deus ao mundo. Isso nos torna embaixadores de Sua graça, demonstrando que Ele é a fonte de toda bondade e provisão.

CAPÍTULO 6

10 personagens bíblicos que experimentaram a prosperidade

Abraão

A PROSPERIDADE DE ABRAÃO é uma das narrativas mais marcantes da Bíblia, destacando como Deus abençoa aqueles que confiam em Sua palavra e seguem Seu chamado. Desde o momento em que Deus ordenou que Abraão deixasse sua terra e sua parentela, a promessa de bênçãos materiais e espirituais esteve intimamente ligada a sua obediência e fé (Gênesis 12:1-3). Abraão foi chamado para ser uma bênção, e sua prosperidade tornou-se uma expressão tangível dessa promessa.

Deus prometeu a Abraão que faria dele uma grande nação, abençoando-o abundantemente. Essa promessa não se limitava a descendentes, mas também incluía prosperidade material. À medida que Abraão seguia o plano de Deus, ele experimentava um aumento significativo em gado, prata e ouro (Gênesis 13:2). Essa prosperidade foi uma evidência do favor divino em sua vida e da fidelidade de Deus às Suas promessas.

A prosperidade de Abraão era também um reflexo de sua relação com Deus. Ele construiu altares e adorou a Deus em várias ocasiões, reconhecendo que tudo o que possuía vinha do Senhor. Sua riqueza não era apenas um sinal de sucesso, mas uma oportunidade para glorificar a Deus e expressar sua dependência d'Ele.

Um momento importante na história de Abraão foi sua separação de Ló. Quando a terra se tornou pequena para sustentar os rebanhos de ambos, Abraão generosamente permitiu que Ló escolhesse a melhor parte do território. Essa atitude reflete a confiança de Abraão na provisão de Deus, que o abençoou ainda mais depois dessa decisão (Gênesis 13:14-17). Sua prosperidade não estava vinculada à escolha de uma terra fértil, mas à fidelidade de Deus.

Além de riquezas materiais, a prosperidade de Abraão incluía uma crescente influência. Ele foi capaz de mobilizar 318 homens treinados de sua casa para resgatar Ló (Gênesis 14:14), demonstrando que sua casa era grande e bem estruturada. Essa prosperidade e organização reforçam que Deus o abençoava em todas as áreas de sua vida.

Outro aspecto notável de Abraão é sua generosidade. Após derrotar os reis que capturaram Ló, Abraão recusou os despojos oferecidos pelo rei de Sodoma, dizendo que não queria que ninguém dissesse que o rei de Sodoma o havia enriquecido (Gênesis 14:22- 23). Sua confiança estava em Deus como fonte de prosperidade, não em alianças humanas.

O pacto de Deus com Abraão foi uma confirmação de que sua prosperidade não era apenas para seu benefício, mas para um propósito maior. Deus prometeu que, por meio de Abraão, todas as famílias da terra seriam abençoadas (Gênesis 12:3). Essa prosperidade com propósito se estende a seus descendentes, culminando na obra redentora de Cristo.

Abraão ainda demonstrou que a prosperidade está ligada à obediência. Quando Deus pediu que ele sacrificasse seu filho Isaque, Abraão não hesitou em obedecer, mesmo sem entender completamente. Sua disposição de confiar em Deus, mesmo em um pedido tão difícil, resultou em bênçãos ainda maiores, com Deus reafirmando Suas promessas de multiplicar sua descendência e torná-lo uma grande nação (Gênesis 22:16-18).

Portanto, a prosperidade de Abraão não foi isenta de desafios. Ele enfrentou períodos de dificuldade, como a fome que o levou ao Egito (Gênesis 12:10). Mesmo assim, Deus permaneceu fiel e o sustentou. Esses momentos de dificuldade demonstram que a prosperidade divina não elimina os desafios, mas garante a presença e a provisão de Deus em meio a eles.

Abraão também usou sua prosperidade para estabelecer alianças significativas. Ele adquiriu a caverna de Macpela para enterrar Sara, sua esposa, pagando o preço integral em prata (Gênesis 23:16). Esse ato não apenas demonstrou sua independência financeira, mas sua visão de longo prazo, assegurando um local para sua descendência na terra prometida.

A prosperidade de Abraão foi passada para seus descendentes, começando com Isaque, que herdou suas riquezas e a bênção de Deus. Essa continuidade demonstra que a prosperidade divina é muitas vezes intergeracional, refletindo a fidelidade de Deus às Suas promessas ao longo do tempo.

Abraão é frequentemente chamado de "pai da fé," e sua prosperidade é um testemunho da conexão entre fé e bênçãos. Ele acreditou no que Deus prometeu, mesmo quando parecia impossível, e viveu de forma a glorificar Deus em tudo o que fazia. Sua vida nos ensina que a prosperidade verdadeira começa com a confiança em Deus e está profundamente enraizada no propósito divino.

A PROSPERIDADE DIVINA NÃO ELIMINA OS DESAFIOS, MAS GARANTE A PRESENÇA E A PROVISÃO DE DEUS EM MEIO A ELES.

A história de Abraão nos desafia a repensar nossa visão de prosperidade. Ela nos lembra de que a verdadeira prosperidade não é medida apenas por bens materiais, mas por obediência, generosidade e alinhamento com o propósito de Deus. Assim como Abraão, somos chamados a ser abençoados para abençoar, vivendo de forma que nossas vidas reflitam a fidelidade e a bondade de Deus.

Isaac

A PROSPERIDADE DE ISAAC é um testemunho do cumprimento das promessas de Deus e de Sua fidelidade em abençoar os descendentes de Abraão. Desde o início, Isaac foi marcado pela promessa divina, nascendo de forma milagrosa como o filho da promessa de Abraão e Sara. Sua vida é um reflexo de como a obediência e a dependência de Deus resultam em bênçãos abundantes.

Isaac herdou não apenas as riquezas materiais de seu pai, mas também a bênção espiritual que Deus havia prometido a Abraão. Deus reafirmou Suas promessas a Isaac, garantindo-lhe que sua descendência seria tão numerosa quanto as estrelas do céu e que todas as nações da Terra seriam abençoadas por meio dele (Gênesis 26:3- 5). Essa promessa incluía tanto prosperidade material quanto espiritual.

Um dos momentos mais marcantes da prosperidade de Isaac foi sua experiência durante uma crise de fome na Terra. Ele obedeceu a Deus, permanecendo em gerar conforme a orientação divina, em vez de ir para o Egito. Durante esse período, Deus o abençoou grandemente, e Isaac colheu cem vezes mais do que havia plantado (Gênesis 26:12). Essa colheita excepcional demonstrou a bênção de Deus sobre seu trabalho.

A prosperidade de Isaac também foi evidente na expansão de seus rebanhos e servos. Seu crescimento material foi tão impressionante que os filisteus começaram a invejá-lo e chegaram a fechar os poços cavados por seu pai, Abraão (Gênesis 26:14-15). Mesmo diante da oposição, Isaac prosperou, mostrando que a bênção de Deus não pode ser impedida por circunstâncias externas.

Outro aspecto significativo da prosperidade de Isaac foi sua paciência e disposição para evitar conflitos. Quando seus servos cavaram poços e enfrentaram disputas com os filisteus, Isaac não revidou; continuou cavando novos poços até encontrar um local onde pudesse prosperar em paz (Gênesis 26:19-22). Essa atitude demonstra sua confiança em que Deus proveria tudo o que ele precisasse.

A prosperidade de Isaac ainda se manifestou em sua relação com Deus. Ele construiu altares e invocou o nome do Senhor em várias ocasiões, reconhecendo que tudo o que possuía vinha de Deus. Sua devoção espiritual caminhava lado a lado com seu sucesso material, mostrando que ele entendia a fonte de suas bênçãos.

O pacto que Deus fez com Isaac reafirmou Sua fidelidade. Deus declarou: "Eu sou o Deus de Abraão, teu pai; não temas, porque eu sou contigo, e abençoar-te-ei" (Gênesis 26:24). Essa declaração reforça que a prosperidade de Isaac não era apenas fruto de seu trabalho, mas uma expressão direta da fidelidade de Deus às Suas promessas.

A PROSPERIDADE DE ISAAC NÃO ERA APENAS FRUTO DE SEU TRABALHO, MAS UMA EXPRESSÃO DIRETA DA FIDELIDADE DE DEUS ÀS SUAS PROMESSAS.

A relação de Isaac com seus vizinhos também refletiu sua prosperidade. Mesmo os que antes o haviam hostilizado vieram até ele para fazer alianças de paz, reconhecendo que Deus estava com ele (Gênesis 26:28-29). Sua prosperidade tornou-se um testemunho do poder e da bondade de Deus, impactando aqueles ao seu redor. Isaac utilizou sua prosperidade para preparar a próxima geração, transmitindo a bênção de Deus a seus filhos. Embora enfrentasse desafios familiares, como o conflito entre Esaú e Jacó, ele permaneceu comprometido em passar adiante o legado de obediência e fé que havia recebido de seu pai, Abraão.

A história de Isaac nos ensina que a verdadeira prosperidade está enraizada na obediência a Deus e na confiança em Suas promessas. Sua vida exemplifica como Deus cuida de Seus filhos, suprindo suas necessidades e abençoando-os de maneira abundante, mesmo em tempos de adversidade.

A prosperidade de Isaac continua a ser uma inspiração para aqueles que desejam experimentar a plenitude das bênçãos de Deus. Sua disposição em obedecer, sua paciência diante de conflitos e sua devoção a Deus mostram que a prosperidade não é apenas uma questão de riquezas materiais, mas de viver em alinhamento com a vontade divina.

Jacó

A PROSPERIDADE DE JACÓ é uma narrativa fascinante que destaca a fidelidade de Deus em cumprir Suas promessas mesmo diante de desafios e conflitos. Desde antes de seu nascimento, Deus já havia declarado que Jacó seria abençoado, dizendo que o mais velho serviria ao mais novo (Gênesis 25:23). Essa bênção se estendeu à sua prosperidade material, relacional e espiritual ao longo de sua vida.

Jacó experimentou os primeiros sinais de prosperidade ao receber a bênção de seu pai, Isaque, que o reconheceu como o herdeiro das promessas de Abraão. Apesar das circunstâncias controversas em que essa bênção foi obtida, Deus estava com Jacó, reafirmando Seu compromisso em fazer dele uma grande nação (Gênesis 28:13-15). Isso mostrou que a prosperidade de Jacó estava fundamentada no plano soberano de Deus, e não em seus próprios esforços.

Ao partir para a casa de Labão, Jacó enfrentou anos de trabalho árduo e condições difíceis. No entanto, mesmo em um ambiente adverso, Deus começou a prosperá-lo. Durante seu tempo com Labão, Jacó acumulou grande riqueza em rebanhos, servos e recursos, graças à bênção de Deus sobre seu trabalho (Gênesis 30:43). Esse crescimento material foi tão significativo que provocou a inveja dos filhos de Labão.

Jacó demonstrou astúcia e sabedoria ao negociar com Labão por seus rebanhos. Ele confiava que Deus era quem realmente o abençoava, e os resultados de seu trabalho confirmavam isso. As estratégias que usou para aumentar seu rebanho foram bem-sucedidas, mas ele reconhecia que o verdadeiro provedor de sua prosperidade era o Senhor (Gênesis 31:9-12).

O encontro de Jacó com Deus em Betel foi outro marco em sua jornada de prosperidade. Deus reafirmou Suas promessas, garantindo-lhe que estaria com ele e o levaria de volta à terra prometida (Gênesis 28:13-15). Esse encontro transformou a perspectiva de Jacó, fortalecendo sua fé e dando-lhe a certeza de que sua prosperidade estava intrinsecamente ligada à presença de Deus.

Quando Jacó deixou a casa de Labão, ele o fez com grande riqueza e uma família numerosa. Apesar dos conflitos com seu sogro, Deus continuou a protegê-lo e a garantir que ele prosperasse. Jacó reconheceu que tudo o que possuía era resultado da fidelidade de Deus, e não apenas de suas próprias habilidades.

O reencontro com Esaú é um momento significativo que demonstra como a prosperidade de Jacó foi usada para promover reconciliação. Ele enviou presentes generosos a seu irmão como um gesto de paz, mostrando que sua prosperidade também era um instrumento para restaurar relacionamentos quebrados (Gênesis 32:13-20).

O VERDADEIRO PROVEDOR DE SUA PROSPERIDADE ERA O SENHOR.

Jacó ainda prosperou espiritualmente. Sua luta com o anjo no vau de Jaboque simboliza sua transformação e dependência de Deus. Após esse evento, ele foi renomeado Israel, um testemunho de seu relacionamento renovado com Deus e de sua vocação como pai de uma grande nação (Gênesis 32:28).

A prosperidade de Jacó não foi isenta de desafios. Ele enfrentou conflitos familiares, perdas e dificuldades, mas em todos esses momentos a presença de Deus foi constante. Isso reforça que a prosperidade verdadeira não significa ausência de problemas, mas sim a garantia de que Deus está ao nosso lado, sustentando-nos e guiando-nos.

Jacó utilizou sua prosperidade para estabelecer sua família na terra prometida, garantindo que seus filhos herdassem não apenas bens materiais, mas as promessas divinas. Sua vida demonstrou que a prosperidade de Deus é intergeracional, alcançando não somente o indivíduo, mas seus descendentes.

A prosperidade de Jacó é um exemplo claro de que Deus abençoa aqueles que Ele escolhe, mesmo em meio a falhas humanas. Sua história nos ensina que a prosperidade divina não é resultado apenas de esforço ou estratégias, mas da graça e do plano soberano de Deus.

A vida de Jacó nos desafia a confiar em Deus como a fonte de toda prosperidade. Sua jornada nos lembra de que, embora enfrentemos lutas e desafios, a fidelidade de Deus permanece, abençoando-nos e nos capacitando a viver em plenitude e com propósito.

José

A PROSPERIDADE DE JOSÉ é uma das histórias mais inspiradoras da Bíblia, demonstrando como Deus pode transformar adversidades em oportunidades de bênção e propósito. Desde sua juventude, José foi favorecido por Deus, recebendo sonhos proféticos que indicavam um futuro de grandeza e liderança. Embora inicialmente incompreendido e rejeitado por seus irmãos, sua jornada revelou a fidelidade de Deus em abençoá-lo em todas as circunstâncias.

Mesmo quando vendido como escravo ao Egito, José experimentou a prosperidade divina. Na casa de Potifar, ele foi abençoado em tudo o que fazia, a ponto de seu mestre confiar-lhe toda a administração de sua casa (Gênesis 39:3-4). Sua prosperidade não era apenas material, mas também relacional, pois sua integridade e diligência o tornaram respeitado e confiável.

A integridade de José foi testada quando ele recusou os avanços da esposa de Potifar, resultando em sua prisão injusta. Mesmo na prisão, Deus estava com ele, concedendo-lhe favor aos olhos do carcereiro e permitindo que ele prosperasse ali também, assumindo a administração dos prisioneiros (Gênesis 39:21-23). Essa prosperidade em circunstâncias adversas demonstra que a bênção de Deus não é limitada pelas circunstâncias humanas.

O ponto de virada na prosperidade de José veio quando ele interpretou os sonhos do copeiro e do padeiro do faraó, demonstrando o dom divino que Deus havia lhe dado. Esse dom foi sua porta de entrada para o palácio, onde ele interpretou os sonhos do faraó e foi elevado à posição de governador do Egito (Gênesis 41:39-41). Sua ascensão é um testemunho de como Deus exalta aqueles que permanecem fiéis a Ele.

Como governador do Egito, José administrou os recursos do país com sabedoria e visão. Durante os sete anos de fartura, ele armazenou grãos em abundância, preparando-se para os sete anos de fome que viriam. Sua prosperidade não se limitou a bens materiais, mas também incluiu a sabedoria divina para tomar decisões que salvariam muitas vidas (Gênesis 41:47-49).

A prosperidade de José ainda se manifestou na reconciliação com sua família. Quando seus irmãos vieram ao Egito em busca de alimento, ele teve a oportunidade de retaliar, mas escolheu perdoar. Ele reconheceu que Deus havia usado suas adversidades para um propósito maior, dizendo: "Deus me enviou adiante de vós para conservar a vossa sucessão na terra" (Gênesis 45:7). Sua prosperidade foi usada para promover a reconciliação e a preservação de sua família.

José não apenas prosperou pessoalmente, mas também abençoou o Egito e os povos ao redor. Durante a fome, ele administrou a distribuição de alimentos, garantindo a sobrevivência de muitas nações. Sua prosperidade foi um canal de provisão para outros, destacando o propósito divino de suas bênçãos (Gênesis 41:57).

SUA PROSPERIDADE NÃO SE LIMITOU A BENS MATERIAIS, MAS TAMBÉM INCLUIU A SABEDORIA DIVINA.

A prosperidade de José era fruto de sua confiança em Deus. Ele não confiava em seus próprios esforços, mas reconhecia que tudo o que possuía e fazia era resultado da graça de Deus em sua vida. Essa dependência o capacitou a viver com humildade, mesmo em posições de grande poder.

O legado de prosperidade de José também se estendeu às gerações futuras. Ele garantiu que sua família se estabelecesse no Egito durante a fome, dando-lhes uma terra fértil para habitar. Essa providência refletiu sua visão de longo prazo e o desejo de cumprir o plano de Deus para sua linhagem.

A prosperidade de José nos ensina que Deus é capaz de usar situações difíceis para realizar Seus propósitos. Mesmo quando enfrentamos rejeição, injustiça ou desafios, podemos confiar que Deus está trabalhando para transformar essas circunstâncias em oportunidades de bênção e crescimento.

José viveu uma prosperidade que transcendia bens materiais, impactando vidas, relacionamentos e o destino de nações. Sua história nos lembra de que a prosperidade verdadeira está enraizada no plano soberano de Deus e em nossa disposição de obedecê-Lo, independentemente das circunstâncias.

A vida de José continua a ser um exemplo poderoso de como Deus abençoa aqueles que confiam n'Ele. Sua história nos desafia a permanecer fiéis, a usar nossas bênçãos para abençoar outros e a viver com a convicção de que Deus está no controle de todas as coisas.

Salomão

A PROSPERIDADE DE SALOMÃO é uma das mais impressionantes narrativas bíblicas sobre como Deus pode abençoar alguém que busca a sabedoria divina acima de tudo. Salomão, filho de Davi, foi escolhido para suceder seu pai como rei de Israel e teve um início de reinado marcado pela humildade e dependência de Deus. Quando Deus lhe apareceu em um sonho e ofereceu conceder-lhe qualquer coisa que pedisse, Salomão pediu sabedoria para governar com justiça (1 Reis 3:5-9). Essa escolha agradou ao Senhor, que não apenas lhe deu sabedoria, mas também riquezas e honra como parte de Sua bênção.

Salomão rapidamente se tornou conhecido por sua sabedoria incomparável. Sua fama se espalhou por várias nações, atraindo líderes e estudiosos de todo o mundo, como a rainha de Sabá, que veio comprovar sua sabedoria e testemunhou também sua prosperidade material (1 Reis 10:1-9). Essa sabedoria foi uma das chaves de sua prosperidade, permitindo-lhe tomar decisões estratégicas e administrar seu reino com excelência.

A prosperidade de Salomão também se manifestou em seu reinado pacífico. Durante os anos em que governou, Israel desfrutou de estabilidade e segurança, um reflexo da bênção de Deus sobre sua liderança

(1 Reis 4:20-25). Esse período de paz permitiu que Salomão concentrasse seus esforços no desenvolvimento econômico, cultural e religioso do reino.

Uma das marcas mais notáveis da prosperidade de Salomão foi sua riqueza material. Ele acumulou grandes quantidades de ouro, prata e outros bens preciosos, tornando Israel uma das nações mais ricas de sua época (1 Reis 10:14-27). A abundância era tão grande que a prata foi considerada algo comum em Jerusalém, e o reino prosperou em todos os aspectos econômicos.

Salomão ainda expandiu o comércio e as alianças internacionais. Ele firmou acordos comerciais lucrativos com outros reinos, como o Egito e a Fenícia, aumentando ainda mais os recursos de Israel. A frota de Salomão trazia mercadorias valiosas de lugares distantes, como ouro, madeira e pedras preciosas, que contribuíram para a construção de sua prosperidade.

Um dos maiores projetos realizados durante o reinado de Salomão foi a construção do Templo em Jerusalém. Esse projeto monumental foi uma demonstração de sua devoção a Deus e da prosperidade do reino. O templo foi construído com os melhores materiais disponíveis, e sua riqueza e beleza tornaram-se um símbolo do favor de Deus sobre Israel (1 Reis 6).

A prosperidade de Salomão também permitiu que ele promovesse avanços culturais. Assim, compôs provérbios, cânticos e escritos de sabedoria que influenciaram gerações futuras (1 Reis 4:32-34). Essa produção intelectual refletia sua dedicação em usar sua sabedoria e riqueza para honrar Deus e instruir o povo.

A generosidade de Salomão ainda é evidente em seu relacionamento com outros líderes. Ele recebia visitantes estrangeiros com hospitalidade e compartilhava com eles sua sabedoria e seu conhecimento. Sua prosperidade se tornou um canal para abençoar outras nações e promover alianças pacíficas.

Apesar disso, a vida de Salomão nos ensina lições importantes sobre os perigos de se desviar do propósito divino. Com o passar do tempo, ele se envolveu em alianças políticas e casamentos com mulheres de outras nações que o levaram a adotar práticas idólatras (1 Reis 11:1-8). Isso serve como um alerta de que a prosperidade deve ser acompanhada de fidelidade a Deus. A prosperidade de Salomão também destacou a importância da mordomia. Ele foi chamado a administrar os recursos e as bênçãos que Deus lhe confiou de maneira que glorificasse o Senhor e beneficiasse o povo. Embora tenha começado bem, seu afastamento do propósito divino resultou em consequências negativas para o reino após sua morte.

A história de Salomão nos mostra que a prosperidade verdadeira está enraizada na sabedoria e na obediência a Deus. Quando ele pediu sabedoria ao invés de riquezas, Deus o abençoou abundantemente, mostrando que a busca pelo Reino de Deus é o fundamento de todas as outras bênçãos.

O legado de Salomão é duplo: por um lado, ele demonstrou o que é possível quando se vive em obediência e em busca da sabedoria divina; por outro, seu declínio espiritual nos lembra da necessidade de permanecermos fiéis a Deus mesmo em meio à abundância. Sua história é uma lição sobre os desafios que acompanham a prosperidade.

No caso de Salomão, ela impactou diretamente a nação de Israel, tornando-a uma luz entre as nações. Seu reinado foi um testemunho do favor de Deus, atraindo a atenção de povos vizinhos e mostrando que o Deus de Israel é a fonte de toda sabedoria e prosperidade.

O exemplo de Salomão continua a inspirar líderes e crentes a buscarem a sabedoria acima de riquezas, reconhecendo que Deus é a verdadeira fonte de prosperidade. Sua história nos desafia a usar os recursos que Deus nos dá para glorificá-Lo, abençoar outros e promover Seu Reino.

Salomão é uma prova de que Deus abençoa aqueles que O buscam com sinceridade, mas também um lembrete de que a prosperidade sem fidelidade a Ele pode levar à ruína. Sua vida nos chama a equilibrar bênçãos materiais com uma devoção constante ao Senhor, usando tudo o que temos para cumprir Seus propósitos.

O DEUS DE ISRAEL É A FONTE DE TODA SABEDORIA E PROSPERIDADE.

Jó

A PROSPERIDADE DE JÓ é um testemunho poderoso da fidelidade de Deus e da perseverança na fé. Desde o início, Jó é descrito como um homem íntegro, temente a Deus e desviado do mal. Ele era também extremamente próspero, sendo considerado o homem mais rico do Oriente, com vastos rebanhos, muitos servos e uma família grande e abençoada (Jó 1:1-3). Sua prosperidade refletia a bênção de Deus sobre sua vida.

Jó não apenas possuía riquezas materiais, mas também uma vida espiritual profunda. Ele constantemente oferecia sacrifícios a Deus em nome de seus filhos, demonstrando sua preocupação com a pureza espiritual da família (Jó 1:5). Sua prosperidade material era acompanhada de uma consciência espiritual que colocava Deus no centro de sua vida.

A narrativa de Jó toma um rumo dramático quando ele perde todas as suas posses, seus filhos e sua saúde, em um teste de fé e integridade. Apesar dessas perdas devastadoras, Jó não abandonou sua confiança em Deus. Ele declarou: "Nu saí do ventre de minha mãe e nu tornarei para lá; o Senhor o deu, e o Senhor o tomou: bendito seja o nome do Senhor" (Jó 1:21). Essa atitude revela que Jó via sua prosperidade como um presente de Deus, e não como algo garantido.

Mesmo em meio às acusações de seus amigos e ao silêncio de Deus, Jó permaneceu firme em sua integridade. Ele questionou, lamentou e buscou respostas, mas nunca se afastou completamente de sua fé. Essa perseverança mostra que a verdadeira prosperidade não está apenas nas posses, mas em um relacionamento profundo com Deus, que nos sustenta mesmo nos momentos mais difíceis.

A restauração de Jó é um dos momentos mais marcantes de sua história. Depois de sua provação, Deus não apenas restaurou o que havia perdido, mas deu-lhe o dobro de tudo o que possuía antes (Jó 42:10). Isso incluiu mais rebanhos, uma nova família e uma vida longa e cheia de dias. Essa restauração demonstra a fidelidade de Deus e Sua capacidade de transformar sofrimento em bênção.

A prosperidade renovada de Jó não era apenas material, mas espiritual e relacional. Deus honrou sua fidelidade, e Jó viveu para ver seus filhos e netos, algo que simboliza continuidade e plenitude de vida (Jó 42:16- 17). Sua história reflete a bondade de Deus em conceder prosperidade como uma expressão de Seu cuidado e Sua graça.

Jó também foi um exemplo de generosidade e compaixão. Antes de sua provação, ele era conhecido por ajudar os pobres, defender os necessitados e ser um homem de justiça (Jó 29:12-17). Sua prosperidade não era acumulada para si mesmo, mas usada para abençoar outros, tornando-se um modelo de como administrar as bênçãos divinas.

A lição central da prosperidade de Jó é que ela é um reflexo da soberania e do propósito de Deus. Jó reconheceu que tudo o que possuía vinha de Deus e que Ele tinha o poder de dar e tirar conforme Sua vontade. Essa compreensão o ajudou a atravessar as dificuldades sem perder sua confiança no caráter de Deus.

Outro aspecto importante da prosperidade de Jó é que ela serviu como testemunho. Sua vida antes, durante e após a provação mostrou às pessoas ao seu redor a grandeza e a justiça de Deus. Jó não apenas experimentou a prosperidade, mas também usou sua história para glorificar Deus e encorajar outros.

A prosperidade de Jó ainda nos ensina sobre o tempo de Deus. Embora sua restauração não tenha sido imediata, ela veio no momento certo e de forma abundante. Isso nos desafia a confiar no plano de Deus, mesmo quando estamos enfrentando períodos de dificuldade ou incerteza. A restauração de Jó incluiu a reconciliação com seus amigos e um entendimento renovado de quem Deus é. O Senhor desafiou as acusações errôneas dos amigos de Jó e exaltou sua fé, mostrando que a verdadeira prosperidade inclui harmonia nos relacionamentos e uma compreensão mais profunda de Deus.

A VERDADEIRA PROSPERIDADE INCLUI HARMONIA NOS RELACIONAMENTOS E UMA COMPREENSÃO MAIS PROFUNDA DE DEUS.

Jó é um exemplo de que a prosperidade não é apenas uma questão de bens materiais, mas de experimentar a presença, o cuidado e a restauração de Deus em todas as áreas da vida. Sua história nos inspira a confiar em Deus em meio às provações, sabendo que Ele é fiel para nos abençoar de formas que excedem nossas expectativas.

A vida de Jó nos ensina que a prosperidade verdadeira vem de um coração dedicado a Deus, uma disposição de confiar n'Ele em todas as circunstâncias e a certeza de que Ele pode transformar a dor em um testemunho poderoso de Sua graça e bondade.

Boaz

A PROSPERIDADE DE BOAZ é uma narrativa rica de como a fidelidade a Deus, a integridade e o senso de responsabilidade podem resultar em bênçãos tanto para a própria vida quanto para a vida de outros. Boaz, apresentado no livro de Rute, era um homem de grande riqueza, dono de campos produtivos em Belém e respeitado por sua comunidade (Rute 2:1). Sua prosperidade material era acompanhada de um caráter irrepreensível e uma boa disposição para usar suas bênçãos para abençoar os necessitados.

O caráter de Boaz é evidenciado em sua interação com seus trabalhadores. Ele os cumprimentava com a frase "O Senhor seja convosco" (Rute 2:4), indicando uma atmosfera de respeito e espiritualidade em seu local de trabalho. Sua prosperidade não era usada para exploração, mas para criar um ambiente que refletisse os valores de Deus, mostrando que a verdadeira riqueza inclui um coração que honra o Senhor.

A generosidade de Boaz é destacada quando ele encontra Rute, uma moabita que veio ao campo para recolher espigas deixadas pelos ceifeiros. Ele não apenas permitiu que ela fizesse isso, conforme a lei de Israel, mas também deu instruções para que seus trabalhadores a ajudassem, garantindo que ela tivesse abundância

(Rute 2:15-16). Sua prosperidade foi usada para proteger e sustentar os vulneráveis.

Boaz demonstrou sabedoria e senso de responsabilidade ao agir como resgatador para Rute e Noemi. Ele assumiu a responsabilidade de redimir a terra que pertencia à família de Elimeleque e casou-se com Rute, garantindo segurança e herança para a família (Rute 4:9-10). Sua prosperidade permitiu que ele desempenhasse esse papel significativo de restauração.

A prosperidade de Boaz não estava limitada a bens materiais, mas incluía uma vida de impacto duradouro. Sua união com Rute gerou um filho, Obede, que se tornaria avô do rei Davi e parte da linhagem de Jesus Cristo (Rute 4:17). Isso mostra como suas bênçãos foram integradas ao plano redentor de Deus, influenciando gerações futuras. A atitude de Boaz em relação à sua prosperidade reflete a visão bíblica de mordomia. Ele reconhecia que seus recursos eram dados por Deus e deveriam ser usados para cumprir propósitos divinos. Sua generosidade e integridade demonstram como a prosperidade pode ser vivida de forma que glorifique a Deus e beneficie os outros. Boaz ainda nos ensina que a prosperidade verdadeira está ligada à obediência aos princípios de Deus.

Ele seguiu as leis de Israel em relação aos pobres, às viúvas e à redenção, mostrando que o sucesso material não deve vir à custa da justiça, mas em alinhamento com a vontade de Deus.

PROSPERIDADE NÃO É APENAS UMA QUESTÃO DE POSSUIR RIQUEZAS, MAS DE TER UM IMPACTO POSITIVO NA VIDA DAQUELES QUE ESTÃO AO SEU REDOR.

Seu exemplo ressalta que prosperidade não é apenas uma questão de possuir riquezas, mas de ter um impacto positivo na vida daqueles que estão ao seu redor. Ele usou sua posição de influência para oferecer proteção, dignidade e esperança, transformando a história de Rute e Noemi de desespero em redenção.

A história de Boaz também destaca a importância de agir com fé e coragem. Ele poderia ter escolhido não se envolver com Rute e Noemi, mas tomou a iniciativa de agir conforme a vontade de Deus, mesmo assumindo responsabilidades adicionais. Sua prosperidade se tornou um canal de bênção porque ele estava disposto a servir.

A prosperidade de Boaz nos inspira a reconhecer que nossas riquezas e nossos recursos são oportunidades para glorificar a Deus e abençoar os outros. Ele nos ensina que viver de forma generosa, responsável e obediente aos princípios de Deus é o caminho para experimentar uma prosperidade que transcende o material e deixa um impacto eterno.

Davi

A PROSPERIDADE DE DAVI é uma das narrativas mais ricas da Bíblia, mostrando como a fidelidade de Deus e a obediência resultam em bênçãos extraordinárias. Desde jovem, Davi foi escolhido por Deus para ser rei de Israel, e essa escolha trouxe consigo a promessa de prosperidade espiritual, material e relacional. Sua história revela como Deus abençoa aqueles que têm um coração segundo o Seu.

Ainda como pastor de ovelhas, Davi experimentou a presença de Deus em sua vida, desenvolvendo coragem e fé ao enfrentar desafios como o leão, o urso e, mais tarde, o gigante Golias (1 Samuel 17:34-37). Sua vitória sobre Golias não apenas marcou o início de sua ascensão, mas foi um exemplo de como Deus abençoa aqueles que confiam n'Ele.

Como rei, Davi conquistou inúmeras vitórias militares, expandindo as fronteiras de Israel e trazendo segurança e estabilidade ao povo. Suas campanhas foram acompanhadas pela prosperidade do reino, com recursos, terras e riquezas acumuladas para a nação (2 Samuel 8:6-14). Cada vitória demonstrava que Deus estava com ele, cumprindo Sua promessa de torná-lo um grande líder.

A prosperidade de Davi ainda se manifestou em suas relações políticas. Ele estabeleceu alianças estratégicas com outras nações, como Tiro, cujos materiais e trabalhadores contribuíram para os projetos de construção de Davi (2 Samuel 5:11). Essas conexões fortaleceram Israel e promoveram uma era de crescimento e estabilidade.

Outro aspecto notável da prosperidade de Davi foi seu zelo em levar a Arca da Aliança para Jerusalém. Esse ato simbolizava a centralidade de Deus na vida do povo e no reinado de Davi. Ele entendeu que a verdadeira prosperidade de Israel dependia de sua obediência e adoração a Deus (2 Samuel 6:12-15).

Davi acumulou riquezas consideráveis durante seu reinado, mas ele as viu como uma oportunidade de glorificar a Deus. Em vez de construir para si mesmo, Davi planejou e preparou abundantemente para a construção do templo, que seria erguido por seu filho Salomão. Ele doou ouro, prata e outros recursos, mostrando que sua prosperidade tinha um propósito maior (1 Crônicas 29:3-5).

A prosperidade de Davi também se refletiu em sua família. Apesar dos desafios e conflitos familiares, ele foi abençoado com muitos filhos e a continuidade de sua linhagem. Deus prometeu que o reino de Davi seria estabelecido para sempre, uma promessa que se cumpriu em Jesus Cristo, o descendente direto de Davi (2 Samuel 7:16).

Davi prosperou espiritualmente. Ele foi um homem de profunda devoção, conhecido por seus salmos e orações que expressavam sua confiança, arrependimento e louvor a Deus. Essa vida espiritual rica foi a base de sua prosperidade, mostrando que sua maior riqueza estava em seu relacionamento com Deus.

Mesmo em momentos de queda e pecado, como no caso de Bate-Seba, Davi experimentou a misericórdia de Deus e a restauração. Ele reconheceu suas falhas, arrependeu-se sinceramente e foi perdoado. Essa restauração espiritual demonstra que a prosperidade de Davi não era resultado de perfeição, mas da graça de Deus em sua vida.

A liderança de Davi trouxe prosperidade para ele e para todo o povo de Israel. Sob seu reinado, a nação experimentou unidade, estabilidade e crescimento. Ele foi um líder que buscava a justiça e o bem-estar do povo, refletindo o coração de Deus em suas decisões.

Davi também usou sua prosperidade para expressar generosidade. Em diversas ocasiões, ele distribuiu presentes ao povo, como após a vitória sobre os amalequitas (1 Samuel 30:26). Essa generosidade fortalecia os laços entre ele e os israelitas, promovendo uma cultura de gratidão e solidariedade.

A prosperidade de Davi foi marcada pela busca constante de direção divina. Antes de enfrentar batalhas ou tomar decisões importantes, ele consultava o Senhor, reconhecendo que sua força e seu sucesso vinham de Deus. Essa dependência era o fundamento de sua prosperidade e uma lição para todos os que buscam a verdadeira riqueza.

Sua prosperidade teve, assim, um impacto duradouro. Davi deixou um legado que influenciou as gerações futuras, tanto espiritualmente quanto politicamente. Seu reinado é lembrado como o auge da história de Israel, e sua linhagem apontava para o Messias, que traria a salvação ao mundo.

A vida de Davi demonstra que a verdadeira prosperidade não se limita a bens materiais ou realizações terrenas, mas inclui um coração dedicado a Deus e um compromisso de usar as bênçãos recebidas para glorificar o Senhor. Sua história nos inspira a buscar um relacionamento profundo com Deus, reconhecendo que Ele é a fonte de toda prosperidade e propósito.

A VERDADEIRA PROSPERIDADE NÃO SE LIMITA A BENS MATERIAIS OU REALIZAÇÕES TERRENAS.

Ezequias

A PROSPERIDADE DE EZEQUIAS destaca o favor de Deus sobre um rei que buscou reformar e restaurar a adoração em Judá. Desde o início de seu reinado, Ezequias se dedicou a fazer o que era reto aos olhos do Senhor, promovendo uma renovação espiritual no reino. Ele restaurou o templo, reinstituiu o culto e convocou o povo a celebrar a Páscoa, atos que colocaram Deus novamente no centro da vida nacional (2 Crônicas 29:3-10).

Ezequias experimentou prosperidade material e política como resultado de sua obediência a Deus. Ele organizou o tesouro do reino, acumulando prata, ouro, pedras preciosas e outros bens valiosos (2 Crônicas 32:27-29). Sua administração eficiente e sua fidelidade a Deus trouxeram estabilidade econômica ao reino, tornando-o uma potência regional.

Sua prosperidade também se refletiu em suas vitórias militares. Quando Senaqueribe, rei da Assíria, ameaçou invadir Judá, Ezequias confiou no Senhor e buscou orientação por meio do profeta Isaías. Deus respondeu com um grande livramento, enviando um anjo que destruiu o exército assírio, poupando Jerusalém (2 Reis 19:32-36). Essa vitória demonstrou que a prosperidade de Ezequias não estava em sua força militar, mas na proteção divina.

Ezequias também mostrou sabedoria ao investir em infraestrutura. Ele construiu o túnel de Siloé, que garantia o abastecimento de água para Jerusalém em caso de cerco (2 Reis 20:20). Essa obra não apenas fortalecia a defesa da cidade, mas também era um símbolo de sua diligência como rei, garantindo a prosperidade do povo em tempos de crise.

Apesar de sua prosperidade, Ezequias enfrentou desafios, como sua grave doença. Em um momento crítico, ele orou fervorosamente a Deus, que o curou e estendeu sua vida em 15 anos (2 Reis 20:1-6). Esse episódio mostrou que a prosperidade de Ezequias era espiritual, refletindo sua intimidade com Deus.

Após sua recuperação, Ezequias recebeu emissários da Babilônia e, em um momento de orgulho, exibiu todos os seus tesouros e riquezas. O profeta Isaías o advertiu de que essa atitude resultaria em consequências futuras para Judá (2 Reis 20:12-19). Esse episódio serve como um lembrete de que a prosperidade deve ser acompanhada de humildade e sabedoria.

Mesmo com esse deslize, a vida de Ezequias foi marcada por um coração voltado para Deus. Ele liderou o povo em um período de avivamento espiritual e foi reconhecido por sua fidelidade. Sua prosperidade foi resultado direto de sua decisão de buscar a Deus de todo o coração, promovendo a justiça e a verdade no reino.

O legado de Ezequias inclui não apenas suas conquistas materiais e políticas, mas também seu impacto espiritual. Ele foi um modelo de liderança piedosa, demonstrando que a verdadeira prosperidade vem de confiar no Senhor e obedecer à Sua vontade. Sua história inspirou gerações a colocarem Deus em primeiro lugar.

A prosperidade de Ezequias não se limitou a seus dias. Sua restauração espiritual e as reformas que implementou deixaram um impacto duradouro em Judá, preparando o povo para enfrentar os desafios que viriam. Ele mostrou que a prosperidade divina é um reflexo da obediência e da confiança em Deus.

A história de Ezequias nos ensina que a verdadeira prosperidade está enraizada em um relacionamento profundo com Deus. Suas ações demonstram que a obediência à vontade divina traz bênçãos abundantes, enquanto a humildade e o reconhecimento de que tudo vem de Deus são essenciais para manter e usar essas bênçãos de forma sábia.

A PROSPERIDADE DIVINA É UM REFLEXO DA OBEDIÊNCIA E DA CONFIANÇA EM DEUS.

Lídia

A PROSPERIDADE DE LÍDIA é um exemplo notável de como Deus usa recursos materiais e dons pessoais para impactar vidas e expandir o Reino. Lídia é mencionada em Atos 16 como uma mulher de negócios bem-sucedida, uma vendedora de púrpura na cidade de Tiatira, que era conhecida por sua riqueza e seu status. Sua prosperidade, no entanto, era acompanhada de um coração temente a Deus, o que a destacava como uma figura de influência tanto espiritual quanto social.

Lídia era uma adoradora de Deus, o que sugere que ela já tinha uma conexão com o judaísmo antes de ouvir a mensagem de Paulo. Sua prosperidade material não a afastou de buscar a verdade espiritual, mas foi usada como uma plataforma para encontrar e promover o Reino de Deus. Quando Paulo pregou em Filipos, o Senhor abriu o coração de Lídia para atender às palavras do apóstolo (Atos 16:14), mostrando que sua prosperidade também estava alinhada com o propósito divino.

Sua resposta imediata ao evangelho foi demonstrada pelo batismo dela e de sua casa. Lídia usou sua posição de prosperidade para servir ao Reino, abrindo sua casa para Paulo e seus companheiros e oferecendo hospitalidade e suporte à igreja nascente em Filipos (Atos 16:15). Isso reflete como ela enxergava suas bênçãos materiais como um recurso para apoiar a obra de Deus.

A casa de Lídia se tornou um ponto central para a comunidade cristã em Filipos. Sua hospitalidade exemplifica o papel de sua prosperidade na construção de relacionamentos e no fortalecimento da igreja. Sua generosidade ajudou a estabelecer uma base para a propagação do evangelho naquela região, mostrando que prosperidade é mais do que acumular bens, mas usar o que se tem para glorificar a Deus.

Lídia também é um exemplo de como o sucesso profissional pode ser um testemunho do favor de Deus. Como vendedora de púrpura, um artigo de luxo, ela demonstrava habilidade, diligência e competência em sua área de atuação. Sua reputação como uma empresária bem-sucedida deu-lhe influência e uma plataforma para compartilhar sua fé e apoiar a obra de Deus.

Sua história revela que prosperidade espiritual e material não estão em conflito, mas podem andar juntas quando usadas para o propósito certo. Lídia não apenas prosperou financeiramente, mas também se destacou por sua devoção a Deus e sua disposição de contribuir para o avanço do Reino.

O impacto da generosidade de Lídia transcendeu sua casa. Ao apoiar Paulo e seus companheiros, ela participou ativamente na expansão do evangelho em Filipos e além dali. Isso mostra que Deus usa aqueles que têm corações dispostos e recursos disponíveis para fazer uma diferença significativa na obra do Reino.

Lídia ainda demonstra o poder de um testemunho transformador. Sua fé em ação, manifestada em sua hospitalidade e generosidade, serviu como um exemplo para outros crentes e não crentes na região. Sua prosperidade foi uma ferramenta para atrair outros para Cristo, tornando sua vida um reflexo do evangelho.

A história de Lídia nos ensina sobre a importância de um coração disposto. Sua resposta ao evangelho foi imediata, e ela não hesitou em colocar seus recursos à disposição de Deus. Isso mostra que a verdadeira prosperidade não é apenas ter, mas estar disposto a compartilhar e servir.

A prosperidade de Lídia nos lembra de que Deus pode usar pessoas de todas as esferas da sociedade para Sua glória. Sua posição como empresária bem-sucedida foi instrumental para apoiar o ministério e fortalecer a igreja, demonstrando que Deus trabalha por meio de pessoas dispostas a usar suas bênçãos para o bem de outros.

A vida de Lídia nos inspira a ver nossas próprias prosperidades, talentos e recursos como oportunidades para servir a Deus. Sua história mostra que, quando colocamos o que temos nas mãos de Deus, Ele pode multiplicar o impacto de nossas ações para transformar vidas e expandir Seu Reino.

A VERDADEIRA PROSPERIDADE NÃO É APENAS TER, MAS ESTAR DISPOSTO A COMPARTILHAR E SERVIR.

CAPÍTULO 7

Como ter prosperidade segundo a Bíblia

a. Coloque Deus em primeiro lugar em todas as áreas da vida

A PROSPERIDADE BÍBLICA COMEÇA com a centralidade de Deus em nossa vida. Mateus 6:33 nos instrui a buscar primeiro o Reino de Deus e Sua justiça, com a promessa de que todas as outras coisas serão acrescentadas. Isso significa que, antes de buscar prosperidade material ou sucesso pessoal, devemos priorizar nosso relacionamento com Deus e viver em obediência à Sua vontade.

Reconhecer Deus como a fonte de todas as coisas nos ajuda a manter uma perspectiva correta sobre prosperidade. Em Salmos 24:1, afirma-se: "Do Senhor é a terra e a sua plenitude". Quando colocamos Deus no centro de nossas decisões, somos libertos da tentação de buscar bens materiais como fonte de segurança ou identidade, sabendo que Ele é quem supre todas as nossas necessidades.

Essa prioridade é demonstrada por meio de oração, adoração e estudo da Palavra. Devotar tempo a Deus diariamente não apenas nos fortalece espiritualmente, mas também nos orienta em decisões práticas. A intimidade com Deus nos permite ouvir Sua direção e caminhar de acordo com Seus planos, que são sempre melhores do que os nossos.

Colocar Deus em primeiro lugar também envolve confiar n'Ele em tempos de escassez e abundância. Paulo, em Filipenses 4:12-13, declara que aprendeu a viver contente em todas as circunstâncias porque sua força vinha de Cristo. Essa confiança nos dá paz e nos permite viver com gratidão, independentemente das circunstâncias externas.

Ao buscar o Reino de Deus, somos chamados a alinhar nossas prioridades com os valores do Reino. Isso inclui amar ao próximo, ser generoso e viver uma vida de integridade. Quando buscamos glorificar Deus em tudo o que fazemos, experimentamos uma prosperidade que vai além do material, alcançando paz, alegria e plenitude em todas as áreas da vida.

COLOCAR DEUS EM PRIMEIRO LUGAR TAMBÉM ENVOLVE CONFIAR N'ELE EM TEMPOS DE ESCASSEZ E ABUNDÂNCIA.

Essa centralidade de Deus em nossa vida também nos ajuda a enxergar as bênçãos materiais como oportunidades de serviço, não como fins em si mesmas. Quando colocamos Deus em primeiro lugar, Ele transforma nossas posses em ferramentas para cumprir Seu propósito e abençoar outras pessoas.

b. Trabalhe com diligência e sabedoria

A PROSPERIDADE BÍBLICA ESTÁ intimamente ligada ao trabalho diligente e à aplicação de sabedoria em nossas atividades diárias. Provérbios 10:4 ensina: "O que trabalha com mão displicente empobrece, mas a mão dos diligentes enriquece". Isso mostra que Deus abençoa aqueles que trabalham com dedicação, não apenas em busca de lucro, mas como um ato de obediência a Ele.

Diligência envolve usar nossos talentos e habilidades de maneira eficaz. Deus nos deu dons específicos para serem usados em nossas vocações; e, ao fazê-lo com excelência, glorificamos o Senhor. Em Colossenses 3:23, somos lembrados de que: "Tudo quanto fizerdes, fazei-o de todo o coração, como ao Senhor, e não aos homens". Essa atitude transforma o trabalho diário em um ato de adoração.

DEUS ABENÇOA AQUELES QUE TRABALHAM COM DEDICAÇÃO, NÃO APENAS EM BUSCA DE LUCRO, MAS COMO UM ATO DE OBEDIÊNCIA A ELE.

Além da diligência, a sabedoria é crucial para alcançar prosperidade. Provérbios 3:5-6 nos encoraja a confiar no Senhor, e não em nosso próprio entendimento, pedindo direção divina em todas as decisões. Planejamento e boa administração também são formas de sabedoria, ajudando-nos a evitar desperdícios e a multiplicar o que Deus nos confiou.

O trabalho diligente deve ser equilibrado com o descanso. Êxodo 20:9-10 estabelece o princípio do sabá, mostrando que Deus valoriza o trabalho, assim como o descanso. Isso nos ajuda a evitar o esgotamento e a confiar que Deus continua a suprir nossas necessidades mesmo quando pausamos para renovar nossas forças.

Trabalhar com diligência e sabedoria ainda envolve agir com integridade. Em Provérbios 11:1, é dito: "Balança enganosa é abominação para o SENHOR, mas o peso justo é o seu prazer". A prosperidade verdadeira não vem de práticas enganosas, mas de uma vida honesta e transparente que honra Deus.

Ao aplicar diligência e sabedoria ao trabalho, somos capacitados a não apenas suprir nossas próprias necessidades, mas a abençoar outros. Efésios 4:28 nos encoraja a trabalhar para que possamos compartilhar com os necessitados, transformando nosso trabalho em uma fonte de impacto positivo na vida de outras pessoas.

TRABALHAR COM DILIGÊNCIA E SABEDORIA TAMBÉM ENVOLVE AGIR COM INTEGRIDADE.

c. Seja generoso e compartilhe suas bênçãos

A PROSPERIDADE BÍBLICA TEM um propósito maior do que acumular riquezas; ela existe para que possamos abençoar outros. Em Provérbios 11:25, declara-se: "A alma generosa prosperará e aquele que atende também será atendido". A generosidade é um princípio espiritual que abençoa quem recebe, assim como retorna a bênção para quem dá.

Deus nos chama a sermos canais de Sua provisão. Assim como Ele abençoou Abraão para que fosse uma bênção para as nações (Gênesis 12:2), somos desafiados a usar nossas posses para impactar positivamente a vida dos outros. A generosidade reflete o coração de Deus, que é abundantemente gracioso.

A prática da generosidade não está limitada a recursos financeiros. Tempo, habilidades e palavras de encorajamento também são formas de compartilhar as bênçãos de Deus. Cada ato de generosidade é uma oportunidade de demonstrar o amor de Cristo e de construir relacionamentos mais profundos com aqueles ao nosso redor.

A generosidade ainda nos protege da idolatria do dinheiro. Jesus nos advertiu que não podemos servir a Deus e às riquezas (Mateus 6:24). Ao praticar a generosidade, quebramos o poder do egoísmo e da ganância, aprendendo a confiar mais em Deus como nossa fonte de provisão.

TEMPO, HABILIDADES E PALAVRAS DE ENCORAJAMENTO TAMBÉM SÃO FORMAS DE COMPARTILHAR AS BÊNÇÃOS DE DEUS.

O exemplo da igreja primitiva em Atos 2:44-45 é um modelo de generosidade. Eles compartilhavam tudo o que tinham, de modo que ninguém passava necessidade. Esse estilo de vida demonstrava a unidade e o amor que devem caracterizar os seguidores de Cristo, tornando-se um testemunho poderoso para o mundo.

A generosidade também é um ato de fé. Quando damos, confiamos que Deus continuará a suprir nossas necessidades. Malaquias 3:10 nos desafia a trazer os dízimos e as ofertas com a promessa de que Deus abrirá as janelas do céu e derramará bênçãos sobre nós. Isso nos ensina que a prosperidade aumenta quando confiamos em Deus e compartilhamos o que temos.

d. Administre bem o que Deus lhe confiou

A BOA ADMINISTRAÇÃO É fundamental para experimentar a prosperidade segundo a Bíblia. Lucas 16:10 diz: "Quem é fiel no mínimo, também é fiel no muito". Deus nos chama a sermos mordomos fiéis de tudo o que Ele nos dá, sejam bens materiais, talentos ou tempo, demonstrando responsabilidade e gratidão.

Administrar bem começa com reconhecer que tudo pertence a Deus. Em Salmos 24:1, declara-se que: "Do Senhor é a terra e a sua plenitude". Quando entendemos que somos apenas administradores, mudamos

> A GENEROSIDADE TAMBÉM É UM ATO DE FÉ. QUANDO DAMOS, CONFIAMOS QUE DEUS CONTINUARÁ A SUPRIR NOSSAS NECESSIDADES.

nossa perspectiva, buscando usar nossos recursos de maneira que glorifique Deus e beneficie outros.

A prática do planejamento financeiro é uma forma de boa administração. Provérbios 21:5 ensina: "Os pensamentos do diligente tendem só para a abundância". Isso inclui fazer orçamentos, evitar dívidas desnecessárias e poupar para o futuro, agindo com sabedoria em relação ao que Deus nos confiou.

Outra forma de administrar bem é evitar desperdícios. Após a multiplicação dos pães e peixes, Jesus instruiu Seus discípulos a recolherem os pedaços que sobraram, para que nada fosse perdido (João 6:12). Essa atitude nos lembra de valorizar o que temos e usá-lo com responsabilidade.

A boa administração ainda se aplica aos nossos dons e talentos. Deus nos deu habilidades específicas para serem usadas em Seu Reino e para abençoar outros. A parábola dos talentos em Mateus 25:14-30 nos ensina que Deus espera que multipliquemos o que Ele nos confiou, seja em recursos financeiros ou em habilidades.

Quando administramos bem, experimentamos a prosperidade como um ciclo de bênçãos. Deus nos confia mais à medida que somos fiéis no que já temos, permitindo-nos continuar a impactar o mundo ao nosso redor. A boa administração é um testemunho de nossa gratidão e obediência ao Senhor.

QUANDO ADMINISTRAMOS BEM, EXPERIMENTAMOS A PROSPERIDADE COMO UM CICLO DE BÊNÇÃOS.

e. Confie na provisão de Deus

A PROSPERIDADE SEGUNDO A Bíblia está profundamente enraizada na confiança na provisão de Deus. Em Filipenses 4:19, nos é assegurado que: "O meu Deus, segundo as suas riquezas, suprirá todas as vossas necessidades em glória, por Cristo Jesus". Essa promessa nos lembra de que Deus é a fonte de tudo o que precisamos. Confiar na provisão de Deus não significa passividade, mas sim dependência. Assim como o povo de Israel confiava no maná que Deus providenciava diariamente no deserto (Êxodo 16:4-5), somos chamados a viver com fé de que Ele suprirá o que necessitamos no momento certo.

Essa confiança nos liberta da ansiedade em relação ao futuro. Jesus, em Mateus 6:25-34, nos exorta a não nos preocuparmos com o que comeremos ou vestiremos, pois Deus cuida de nós. Quando confiamos n'Ele, vivemos com paz e contentamento, sabendo que Ele é fiel para prover.

Confiar em Deus também significa ter paciência. Muitas vezes, a provisão divina não vem de forma imediata ou da maneira que esperamos, mas ela é sempre suficiente e oportuna. Isso nos ensina a esperar no Senhor e a valorizar Suas bênçãos.

Essa confiança nos permite ser gratos pelo que temos, independentemente de quanto possuímos.

Somos assim ensinados em 1 Timóteo 6:6, afirmando-se que: "é grande ganho a piedade com contentamento". A gratidão transforma nossa visão, ajudando-nos a ver a mão de Deus em todas as circunstâncias.

Por fim, confiar na provisão de Deus nos inspira a compartilhar com outros. Quando reconhecemos que Ele é a fonte de tudo, podemos dar com generosidade e alegria, sabendo que Ele continuará a suprir nossas necessidades e a nos capacitar a viver para Sua glória.

grupo novo século

Compartilhando propósitos e conectando pessoas

Visite nosso site e fique por dentro dos nossos lançamentos:

www.gruponovoseculo.com.br

Ágape

facebook/novoseculoeditora

@novoseculoeditora

@NovoSeculo

novo século editora

gruponovoseculo
.com.br

Edição: 1ª

Fonte: Chaparral Pro